ACHETER EN BROCANTE
POUR
REVENDRE SUR INTERNET

C'est possible toute l'année.

CONSEILS, ASTUCES…

✓ *Réaliser un complément de salaire*
✓ *Booster vos ventes*
✓ *Identifier les opportunités*
✓ *Se poser les questions essentielles*
✓ *Adopter les bons comportements*

ACHETER EN BROCANTE POUR REVENDRE SUR INTERNET

Nous avons tous une envie qui germe en nous, un projet que nous n'osons pas mettre en œuvre. Je l'ai fait et j'ai décidé de partager mes connaissances. Vous aussi, allez de l'avant.

Un grand merci à ma famille pour leur aide et le soutien de ma petite salamandre.

Sommaire

Introduction

Introduction

Qui n'a jamais souhaité se lancer dans la vente en ligne. Pourquoi pas vous ? C'est accessible à toutes les bourses. Lancez-vous grâce à ce livre. Vous éviterez les pièges pour bien dénicher en ayant pris connaissance au préalable des règles pour bien démarrer.

Nous vivons dans une société de consommation. C'est un fait. Chacun peut profiter de cette opportunité par le biais des rassemblements populaires. Désormais, les gens se délaissent rapidement de leurs affaires. Ne serait-il pas génial de profiter de cette opportunité !

Vous comprenez donc l'intérêt de l'existence des brocantes. C'est une aubaine pour tous, une foire de tout, une profusion d'objets qui ne cherchent qu'une seconde vie. Il y aura toujours des collectionneurs, des passionnés qui les recherchent quitte à payer le prix fort.

À méditer...

À propos de ce livre

J'ai découvert ma véritable passion : les vide-greniers, un lieu de partage où se mêle un joyeux bric-à-brac.

Il faut marcher pour le plaisir de dénicher, le bonheur de flâner. Je ne perds pas une occasion de m'aérer l'esprit, de découvrir des objets insolites et méconnus dans les brocantes, les marchés aux puces les plus proches.

Je cherchais à me réinventer sans trop savoir comment m'y prendre. J'étais rempli de doutes.

Sacré challenge !

Je vais vous raconter pas à pas mes découvertes et mes réussites improbables. Si vous aussi vous avez cette envie, tout y est dans ce guide.

En quelques mots

La première fois, où je me suis rendu à un vide-greniers dans le but de dénicher un objet. Mon objectif était de le revendre. Mais, je n'avais aucune expérience dans ce domaine.

Plusieurs années auparavant, mon frère m'avait raconté qu'il avait vendu un « truc » sur internet. Selon lui, avec une connexion au web, tout le monde pouvait vendre n'importe quoi. Son histoire me sembla farfelue sur le moment. Mais cette idée germait, elle restait là, quelque part dans un coin de ma tête.

C'est sur une base de pensées aléatoires, qu'un jour, j'ai décidé de tenter l'expérience : Acheter en brocante pour revendre sur Internet.

A l'heure, où se pose la question de la vente en ligne, la brocante paraît être un pari un peu fou, mais intéressant à relever, notamment sur le plan financier en termes de complément de revenu. La brocante est facile, pas chère, à portée de tous.

Les brocantes reviennent à la mode depuis quelques années. Elles deviennent des lieux où les petites bourses peuvent réaliser des bonnes affaires en récupérant des objets à haut rendement.

Actuellement des petits génies, l'ont bien compris. On les retrouve désormais sur eBay. Pourquoi attendre ? Lancez-vous aussi ! Imaginez, vous pouvez récupérer trois fois ou voir dix fois votre mise de départ. Car des passionnés et des collectionneurs recherchent certains types d'objets sur la toile.

Allez flâner dans les brocantes seul ou en compagnie de votre famille. C'est rentable.

Comment ce livre est organisé

L'objectif de cet ouvrage « *Acheter en brocante pour revendre sur internet* » est de vous proposer une lecture thématique en six parties. Voici les grandes lignes de ces parties et les notions abordées pour chacune d'elles. Bonne lecture !

1 Rassemblement populaire

Les fondements

On les nomme de différents noms : les braderies, les raideries, les foires à tout, les foires aux puces, les bric-à-brac, les puciers...

La plus ancienne de France est la Raiderie d'Amiens qui débuta aux alentours de 1909. Elle prit fin après les grandes guerres pour réapparaître en octobre 1963.

Le plus grand rassemblement de ce genre en Europe est la Braderie de Lille.

De nos jours, chaque weekend, des milliers de rassemblements de ce genre sont organisés en France. On y retrouve de tout et n'importe quoi, les armes et les ventes d'animaux y sont évidemment interdits.

Le plus grand vide-greniers du monde se trouve au Etats-Unis. Il se déroule sur une période de quatre jours le long d'une route de mille kilomètres traversant six états. Il se nomme le **YARD SALE** le long de la route 127 qui traverse l'Alabama, la Géorgie, le Tennessee, le Kentucky, l'Ohio et le Michigan. On pourrait le comparer à un Paris Nice de la brocante.

A Paris la plus grosse manifestation de ce type se trouve aux puces de Vanves.

Pourquoi cela fonctionne

C'est une véritable économie alternative possible au royaume de la Récup qui permet à chacun de recycler des objets inutiles pour certains mais de grande valeur pour d'autres. Ils permettent en outre de dénicher à bas prix des articles d'occasion et comme son nom l'indique de vider son grenier afin de libérer plus d'espace chez soi.

À vous de choisir

Avec une bonne dose d'énergie et d'audace, on peut mener à bien de multiples objectifs. En plus d'offrir un cadre pour se ressourcer, ce loisir séduit de plus en plus de gens qui ne sont pas forcément des professionnels. On peut s'initier via des vidéos en ligne, des revues, des livres... à ce genre de pratiques.

INDEPENDANT

L'indépendance constitue l'une des caractéristiques principales du dénicheur.

Vous vivez votre vie au gré de vos envies. Vous n'avez aucun compte à rendre. A vous d'agir en fonction de votre bonne volonté, de votre temps disponible, sans pression extérieure, ni obligation sociale.

Au final, qu'est-ce que vous mettez dans la balance ?

2   Pourquoi s'y initier

Au départ

Le virus était là, j'avais soif de connaissances. J'ai donc décidé de me lancer « Acheter en brocante pour revendre sur Internet » et de faire mes propres expériences, ne serait-ce que pour prouver que ça ne marchait pas tant que j'étais rempli de doutes.

- ✓ Comment choisir ?
- ✓ Que faut-il acheter pour revendre ?
- ✓ Comment faire une marge de profit ?
- ✓ Est-ce rentable ?

Connaître et comprendre son terrain de jeux est un facteur indispensable pour bien commencer. La curiosité est votre meilleure qualité dans les différents rassemblements : marchés aux puces, foires à tout, brocantes, vide-greniers...

Comment trouver un vide-greniers ?

Le plus simple est de se servir du site « vide grenier.fr » en mentionnant dans la recherche votre numéro de département. Vous aurez accès au listing complet des rassemblements proches de chez vous. Il arrive également de croiser le long d'une route, une affiche pour un rassemblement de ce genre.

Les vide-greniers occasionnels sont de très bons viviers d'objets insolites. Tandis que, les brocantes hebdomadaires sont généralement le repère des mêmes revendeurs qui sont plutôt des habitués voir même des professionnels de la revente. Il est quand même possible d'avoir de bonnes surprises dans ce dernier type de rassemblement si vous prenez la peine de vous y rendre tôt le matin.

Vous devez donc vous informer sur l'agenda des brocantes les plus proches de chez vous, voir vous éloignez un peu plus. Il s'agit de les comparer en ligne afin de sélectionner celles qui sont les mieux notées sur les sites. Ne ratez aucun événement…

Bref, n'hésitez plus ! Osez et amusez-vous !

Il faut également vous renseignez auparavant sur le nombre d'exposants présents ce jour-là. Plus il y en a, mieux c'est pour vous. Il est en outre préférable que la brocante soit étalée sur la journée. Les prix seront négociables car des exposants voudront se débarrasser de leurs affaires, surtout en fin d'après-midi.

N'ayez pas peur de vous déplacez vers des petits villages. Cela permettra d'égayer votre journée et celle de votre famille en découvrant des lieux improbables. Je le dis souvent, on ne connait pas assez sa région. Vous éviterez ainsi de rentrer dans une routine et de rencontrer les mêmes exposants. Soyez curieux. Vos efforts porteront leurs fruits.

SOYEZ CURIEUX !

Cela peut paraître simple, mais ce qui compte, c'est de pratiquer cet exercice sur la durée. Cela fera toute la différence.

Bref, n'hésitez plus et amusez-vous !

3 La brocante

Ma première brocante

J'avais préalablement pris connaissance qu'une brocante aurait lieu en plein air le lendemain matin à quelques kilomètres. Je décidais de m'y rendre avec une vingtaine d'euros en poche. La veille, je programmais mon réveil pour sept heures du matin.

Levé de bonne heure, je me rends sur place en bus. Les exposants n'avaient pas encore tous finis d'installer la présentation de leurs stands.

Nombre d'objets sont chargés de souvenirs…Certains vendeurs n'osent pas s'en débarrasser. Dans ce havre de souvenirs à la déco vintage. Vous découvrirez les ravissants étals totalement recouverts d'habits, de pulls tricotés, de couvre-lits façon patchwork, des barboteuses du premier né, des doudous, des assiettes, des fourchettes, des chaises, des meubles, de la céramique…

Dans des petits espaces, vous serez entouré d'objets, des livres qui ont traversé le temps, des ouvrages de design, des magazines consacrés à l'illustration, des tableaux, des affiches, des cartes postales, des photos.

Dans un coin, des sabots, des appareils photos d'un autre âge, une série d'objets qui résume à merveille le temps écoulé.

Au fur et à mesure, je comprends deux choses. En observant les stands. Je n'étais pas la seule personne à parcourir les étalages à une heure aussi matinale. D'autres chineurs me devançaient déjà mais avec des recherches bien précises pour chacun d'entre eux. L'un recherchait exclusivement du milita-ria, l'autre uniquement des vêtements de marques et un troisième chineur lui, demandait à chaque exposant s'il avait des capsules de bouteilles de champagne.

Par la suite, je me suis aperçu qu'il y avait une différence entre les vendeurs. Je rencontrais alors deux types d'exposants.

Les premiers étant les habitués qui venaient très souvent vendre leurs objets dans ce type de rassemblement voir même des professionnels. Ces derniers sont à proscrire de votre recherche. Ils sont là pour gagner de l'argent car ils savent exactement ce qu'ils vendent.

J'apporte une importance cruciale sur ce point. Il est important de comprendre qu'un exposant habitué vend une quantité d'objets par mois en brocante ou vide-greniers. Ce n'est pas le type de personne qui présentera des objets intéressants à acheter pour vous. Ce type de vendeur connaît parfaitement la valeur des biens qu'il vous présente et ne vous sera d'aucune utilité. N'oublions pas que nous sommes également des non professionnels qui cherchent une marge. On n'achète pas pour soi-même mais pour revendre, quoi que parfois…

Les seconds sont les occasionnels, ceux qui s'installent pour la première fois. Ils veulent la plupart du temps se débarrasser de leurs affaires. Ils font le tri chez eux des objets inutilisés.

Je remarque donc que ces non professionnels manifestent un manque d'aplomb. Cela se caractérise par un manque d'organisation de leurs boutiques éphémères. Les objets sont étalés pour la plupart sur le sol voir même regroupés dans des cartons non déballés. Et quelquefois, le vendeur attend dans sa voiture, porte ouverte. Ainsi il faut prendre le temps de regarder, de s'agenouiller et de farfouiller dans ce bric-à-brac.

Ainsi, la mise en place des objets et le comportement de l'exposant, vous permettra de savoir rapidement où vous diriger.

Je me suis donc naturellement intéressé aux occasionnels qui cherchent à se débarrasser rapidement d'une multitude d'objets encombrants et ne savent qu'en faire.

N'oubliez pas !

Un objet qui ne sert à rien chez l'un peut avoir une certaine valeur chez un autre.

Mes premières découvertes

Ce jour-là, sans expérience mais d'humeur motivée, j'ai parcouru les divers stands des exposants avec un sentiment de liberté. Pour la première fois, je me retrouvais dans un endroit qui m'était inconnu. Une bonne cinquantaine d'exposants étaient présents. Je m'arrêtais quelques secondes à chaque étal pour admirer furtivement tous ces objets qui pouvaient devenir miens. Au bout de quelques minutes, je remarquais trois grosses médailles en métal. Je m'intéressais immédiatement à leur aspect ancien. Je ne connaissais ni leurs valeurs ni leurs origines.

Je les touche, les sous pèse, les retourne. J'ai simplement dit à la personne responsable du stand qu'elles étaient belles. L'exposant me répond : « Oui, elles traînent chez moi depuis longtemps. Je vous fais les trois pour dix euros ». J'hésite quelques secondes avant de conclure à la transaction avec une certaine appréhension

Quelques mètres plus loin sur un stand, je remarque une boite pleine de pièces et une autre grosse médaille. Je demande à la personne à quel prix elle serait prête à s'en débarrasser.

Elle m'en demande trente euros. D'un air désintéressé, je lui réponds simplement : « C'est dommage, je n'ai que quinze euros sur moi. Je ne connais rien aux pièces de monnaies. Je les aurais offertes à un parent qui les collectionne ». Cette petite phrase a eu son impact. Elle me répond simplement, qu'elle voulait bien faire l'effort de me la céder à ce prix-là et qu'elle cherche à s'en débarrasser volontiers contre quelques euros.

De retour chez moi, avec mes quatre médailles et ma boite pleine de pièces, je commence par les regarder une par une, à les trier maladroitement dans un ordre chaotique, ce qui m'a pris d'ailleurs un certain temps. Je cherche à connaître les origines et la valeur de ces dernières. Je décide d'en apprendre plus sur chacune d'entre elles en les identifiant sur internet. Et qu'elle fut ma surprise, lorsque je découvre que chacune des médailles coûtaient plus de cinquante euros sur les sites de vente en ligne.

N'ayant pas pour but de démarrer une collection, je décide donc de me lancer dans l'aventure. Je tente alors de les revendre sur internet.

Je crée un compte sur le site EBay et un autre sur PayPal. Sans être certain du résultat, je publie les annonces de vente en ligne aux enchères. Pour optimiser mes résultats, je reprends les termes techniques qui se trouvent dans d'autres annonces.

Impatient, je vérifie plusieurs fois par jour sur mon téléphone portable si mes annonces sont consultées. Mon intérêt devient grandissant.

Une fois le cycle de sept jours de mes enchères terminé, le résultat est stupéfiant. Je revends chaque médaille pour quarante-cinq euros et certaines des pièces de la boite pour une dizaine d'euros. C'est alors que commence pour moi ce loisir.

Conseils

Après plusieurs prospections, en parcourant les brocantes et les vide-greniers, je comprends qu'il est crucial de savoir étudier le comportement et l'état d'esprit de l'exposant. Vous y arriverez également, c'est très simple avec un peu d'entraînement.

Pour les exposants, il en existe plusieurs cas, qui une fois détectés font que vos achats seront intuitivement orientés. C'est une véritable gymnastique de l'esprit que de repérer un vendeur inexpérimenté. Ne vous fiez pas aux premiers abords car des surprises peuvent vous y attendre. En général, les cas qui m'ont pertinemment mis en confiance pour investir, sont ceux de vendeurs qui cherchent à se débarrasser de certains biens encombrants. La plupart du temps, ils ont hérité de leurs parents et grands-parents... Ils ne connaissent rarement leur valeur. Mais, pour quelques euros se feront un plaisir de s'en démettre... Ils n'ont pas le temps de monnayer.

Prenez votre temps, sur chaque étalage, pour étudier la personne qui vend. Il y a systématiquement une interaction, vous observez, mais vous êtes également observé.

AYEZ CONFIANCE EN VOUS !

Cultivez votre curiosité.

Points essentiels

Quand j'ai commencé à acheter mes premiers articles dans les vide-greniers, je me suis plusieurs fois heurté à des erreurs de base.

J'ai acheté des objets qui me semblaient rentable à la revente simplement par instinct et en écoutant le parfait bla-bla de certains vendeurs expérimentés.

C'est à vous maintenant chers Lecteurs, de prendre conscience que rien n'est simple. Lorsque l'on a toutes les clés en mains, il est plus facile et plus sûr de se lancer ambitieusement dans ce type de loisir.

Mais, vous devez garder à l'esprit certains principes. Examinez plusieurs points afin d'éviter quelques pertes inutiles de budget.

Phase d'observation

Soyez observateur, ayez l'esprit plus ou moins orienté à vouloir sans cesse de faire de nouvelles découvertes.

L'étalage

Cartons, produits emballés, caisses de vaisselle en tout genre, n'hésitez pas à jeter un œil aux moindres recoins du stand d'un exposant, bien souvent lui-même ne saura pas lequel de ses objets à le plus de valeur.

L'exposant

Est-il de bonne humeur ? Ce point est important. Gardez à l'esprit que vous devez obligatoirement créer un contact positif afin de profiter des prix les plus bas possibles. Un ou deux compliments sur la beauté de son stand ou sur ses tarifs très honnêtes ne seront jamais de trop.

Les produits

Si l'exposant vend ou annonce le prix de certains objets à d'autres chineurs, évaluez rapidement le produit pour comprendre s'il vend pour rentabiliser ou se débarrasser de ses objets. Les tarifs à 0.20 centimes d'euros doivent immédiatement vous interpeller.

Dans le cas où, après l'avoir minutieusement étudié et observé, par son comportement et les tarifs qu'il annonce aux autres chineurs, un stand vous semble attractif, prenez votre temps pour évaluer chaque objet en vente.

N'oubliez pas que vous devez l'expédier.

La taille et le poids des objets sont des caractéristiques qui ont leur importance. Plus l'objet est petit, moins il vous en coûtera en frais d'envoi.

Je déconseille fortement de débuter l'achat d'objets trop volumineux. Vos frais d'envoi doivent être réduit au maximum, soit environ 3.50 euros pour une enveloppe cartonnée en lettre suivie, ce qui est parfait pour débuter. Cela correspond à un produit qui pèse 500 grammes ou moins.

Évaluer un objet en moins de deux minutes ?

Vous avez une intuition, un objet d'apparence quelconque vous titille l'esprit. Il est important de connaître rapidement sa vraie valeur en moins de deux minutes. Scrutez le moindre des détails, observez.

Pour la suite, rien de plus simple. Ecartez-vous de quelques mètres de l'exposant, en prenant bien soin de n'avoir aucunement manifesté votre intérêt.

Votre téléphone portable est un allié de poids dans ce type de prospection, vous devez toujours l'avoir avec vous lors de vos sorties et veiller à ce que votre batterie soit chargée à son maximum. Pour les grandes brocantes, je dispose d'une batterie externe qui me permet d'être en autonomie totale durant plusieurs heures. Vous utilisez simplement votre téléphone portable afin d'effectuer une recherche internet sur les sites de revente en ligne, pour vous, ce sera évidemment sur EBAY.

Lors de vos comparaisons de prix en ligne ne vous arrêtez pas sur une seule annonce, faites une moyenne de tous les prix affichés sur internet et n'oubliez pas de regarder le montant des frais d'envois qu'appliquent vos futurs concurrents. Lors de la création de vos annonces, vous devrez vous positionner sur un tarif inferieur aux autres afin de procéder le plus rapidement possible à vos ventes.

Je ne peux pas me passer de mon téléphone, j'ai débuté avec, que ce soit de la création des comptes sur les sites ou pour les recherches comparatives du prix des objets ou bien encore. Lorsque je suis sur le terrain, il est toujours avec moi.

En appliquant cette méthode, vous allez être capable d'estimer à coup sûr tous les objets qui vous passeront sous la main.

Comment se comporter

Tenue vestimentaire

« Peu importe ce que vous choisirez de porter, ce qui est important c'est d'être simple, classique. Pour les week-ends, rien de mieux qu'un jeans, un tee-shirt ».

Une erreur facile à éviter et qui doit devenir une habitude pour vous.

Ne portez aucun signe de valeur. Soyez d'apparence quelconque, pas de bijoux en or trop extravagants, pas d'habits de marque.

Votre aspect vestimentaire est important. Si le vendeur décèle chez vous un quelconque pouvoir d'achat. Il n'hésitera pas à gonfler ses prix.

Ainsi, vous ne déclencherez pas le sentiment de surprofit potentiel chez les vendeurs.

Négocier le prix

L'art de savoir négocier se travaille, se prépare.

La phase de marchandage peut être utile. Soyez aux aguets lorsque vous repérez un objet intéressant. L'état du produit permet de trouver des arguments pour baisser son prix.

- ✓ Mettez en valeur les défauts. Il faut que vous gardiez un air dubitatif.
- ✓ Achetez en lot si plusieurs objets présents sur le même stand vous intéressent, cela vous permettra de mieux négocier. Ne montrez pas votre engouement.
- ✓ Attendre et revenir à la fin du rassemblement peut être la bonne idée ! Après une journée harassante, certains vendeurs ne tenteront plus de négocier de nouveau leurs tarifs.

Avoir du culot lorsqu'on annonce son prix est une méthode qui porte souvent ses fruits.

Conseils

- ✓ Prendre le temps de découvrir
- ✓ Découvrez un nouvel objet chaque semaine
- ✓ Écouter, être attentif
- ✓ Être patient et prendre du recul
- ✓ Élargir son horizon
- ✓ Poser des questions simples
- ✓ Demander à ceux qui s'intéressent
- ✓ Être téméraire
- ✓ Positiver sur les mauvaises expériences
- ✓ Savoir doser

Se sera beaucoup plus utile et plus bénéfique que les grands discours ou les discussions sans fin.

SOYEZ PATIENT ET TENACE

À éviter

Les achats impulsifs

Lors de vos premières sorties, vous devez absolument effectuer des achats réfléchis. Ça a l'air facile au début, mais c'est un peu plus compliqué. Votre esprit critique sur la valeur des objets n'est peut-être pas forcément encore au point. Ce qui est normal.

Vous serez forcement tenté de croire et de voir de bonnes affaires tous les trois mètres. Il n'en n'est rien. Avouez que ce serait trop facile. Essayez de faire des choix fins et minutieux.

On vous propose une monnaie moyenâgeuse pour vingt euros car elle en vaudra plus de cent. Ne soyez pas crédule au point de croire tout ce qu'on vous raconte. On entend souvent les termes « objet de collection » ou « c'est très ancien ».

Il est bien entendu, normal que la personne qui vient vendre ses objets lors d'une brocante ou d'un vide-greniers a pour but d'engranger de l'argent.

Certains vendeurs peu scrupuleux n'hésiteront pas à inventer une valeur à leurs objets. Faire reluire une cuillère en argent ou un cendrier en laiton ne lui apporte aucune valeur si ce n'est qu'un aspect visuel plus attrayant.

Avant chacune de vos dépenses, obligez-vous à prendre un temps de réflexion. Pour éviter le hors sujet, je vous conseille de commencer par les quelques articles détaillés et ciblés que je vous présente quelques pages plus loin : la liste des dix.

Fixez des objectifs avec votre budget

Ne jamais dépenser son budget du jour dans un seul objet. Votre but, n'est pas d'acheter la perle rare et d'en payer le prix fort, vous laissant sans ressources. Faites toujours au moins deux fois le tour complet de la brocante pour repasser à chaque stand. Il arrive souvent, de se rendre compte, qu'on n'a pas vu un article intéressant lors de son premier passage.

Personnellement, pour un budget de dix euros, je ramène toujours de deux à quatre objets avec moi en fin de brocante. Je me limite. Il est toujours possible de dénicher des objets à un ou deux euros. Dans de rare cas, sachant que j'allais faire une très bonne affaire. Je n'ai pas suivi cette règle, en connaissance de cause. Mais les très bonnes affaires ne se trouvent pas à tous les coins de rue.

Si vous êtes capable d'avoir trois objets ou plus à la fin de votre petite sortie, félicitations ! Vous optimiserez vos gains de vente. La marge de revente d'un seul objet est toujours positive. Mais, il est préférable de générer le plus d'annonces de vente possible.

Evaluer les risques !!!

Ne croyez jamais un vendeur qui vous affirme que son objet a beaucoup de valeur. Ne vous fiez qu'à vous-même, ne soyez pas influençable. Vous éviterez les mauvaises surprises.

4   La mise en ligne

Répondre à la demande

Partie technique

eBay, vous permet de choisir combien de temps votre objet sera disponible aux enchérisseurs. De trois, cinq, sept ou neuf jours, c'est le temps que votre annonce restera en ligne jusqu'à sa dernière enchère. Il faut bien comprendre que plus l'objet restera en ligne à la disposition des potentiels acquéreurs et plus le nombre de ces derniers augmentera.

Personne ne peut connaître le prix de vente final de l'objet qu'il propose avant la fin du cycle de sa vente. Cependant, certaines pistes vous permettent de savoir s'il aura un certain succès.

Une fois la publication de votre annonce effectuée, le site vous informe en temps réel du nombre de personnes qui la consulte. Plus ce chiffre est croissant, plus il y a de chances que votre annonce réponde à un besoin naturel d'achat par une certaine communauté. Il est par conséquent important d'investir dans un type d'objet attractif. Ceux qui intéressent manifestement un grand nombre de personnes.

Sur la page de vente de votre objet est indiqué le nombre de membres du site qui suivent en temps réel l'évolution de votre annonce. Cela augmente véritablement vos chances de faire monter les enchères s'ils sont nombreux.

Dans le cas où une question sur l'objet vous est posée, je vous conseille vivement d'être rapide dans votre temps de réponse.

L'acheteur qui se sent en confiance avec vous sera d'autant plus amené à acheter votre produit s'il constate que vous êtes impliqué dans vos ventes.

De même, dans vos discutions, prenez soin de formuler des phrases claires. N'oubliez pas la formule de politesse à la fin de vos messages cela vous donnera un côté plus professionnel.

IMPORTANT

Une fois l'objet vendu, l'acheteur devra procéder au paiement de l'objet qu'il aura acheté. Un message de notification vous informera que votre compte PayPal est crédité de la somme.

A NE PAS OUBLIER

PayPal et EBay exercent leurs droits de frais sur les sommes qui vous sont allouées. Si vous vendez un objet dix euros, une petite partie de cette somme sera reversée aux deux sites.
- ✓ Pour PayPal, c'est au moment de la transaction que la somme est soustraite.
- ✓ Pour eBay vous recevrez une facture chaque fin de mois avec un prix à payer qui sera proportionnel à vos ventes.

Les frais ne sont pas un obstacle majeur à la réalisation de vos gains. Vous devez prendre soin de ne pas oublier de vendre vos objets avec une bonne marge.

La photo

L'un des gros avantages, c'est qu'il ne faut pas beaucoup de matériel. Vous avez besoin de votre téléphone portable et de quelques accessoires pour travailler dans le confort.

N'oubliez pas que le résultat d'une annonce claire implique une vision globale du produit. Il va sans dire que, cela peut être délicat de présenter les défauts mais je vous déconseille vivement de les dissimuler. Si vous envisagez de vous lancer dans la vente en ligne. Vos photos doivent être objectives en ayant présenté les moindres détails du produit.

Les photos doivent présenter l'objet sous tous ses angles. Pour les médailles n'oubliez pas de prendre les deux faces. N'hésitez pas à photographier l'objet avec une règle pour exposer sa taille clairement. N'oubliez pas de placer vos objets sous une bonne luminosité, cela permettra de les mettre en valeur.

L'annonce

Le titre doit être le plus précis possible. Vous pouvez y ajouter la mention « superbe » ou « magnifique ». Faire une recherche et déterminer un titre pertinent est essentiel pour optimiser la vente.

La description est un point sur lequel il faut s'attarder le plus pour optimiser ses ventes. Elle doit être détaillée et complète. Pensez à parler du poids, de la taille, de l'origine de votre objet etc... J'utilise toujours ma balance électronique et mon pied à coulisse pour donner des éléments précis lors de la rédaction et de la description de l'objet.

Vendre en utilisant le terme « Objet à identifier »

Il arrivera probablement un jour que vous décidiez d'acheter un objet inconnu simplement parce que vous estimez que vu le prix ou vous l'avez payé votre intuition vous dictera qu'un profit est réalisable. Si cela ce produit et qu'après de longues recherches vous ne savez toujours pas à quoi sert ce « truc » n'hésitez pas à le vendre avec en titre le simple terme « Objet à identifier ». Sur eBay, un certain nombre de personnes recherchent constamment ce type d'article car ils se disent que si le vendeur ne sait pas ce qu'il vend, il n'en connaît pas non plus sa valeur. Ce type d'objet m'a déjà apporté de bonnes surprises par le passé.

Le terme « objet à identifier » est un excellent titre. Cela peut s'avérer être payant car cela suscite la curiosité des membres du site.

Une copie du contre-sceau du traité d'Amiens de Henri VIII.

Le prix

Le prix de départ de vos enchères doit toujours être attractif. Commencez à vendre un objet pour un euro ne signifie pas que vous le cèderait pour ce prix-là. Un objet dont la mise de départ débute à un euro permet de solliciter le sentiment d'appât de gain chez vos futurs acheteurs.

Néanmoins choisir son prix dès le début est possible pour les médailles. Par exemple les affiches de 10 ou 15 euros donnent à vos objets un certain cachet, signe de rareté.

Le prix d'envoi doit être raisonnable et correspondre à la réalité (pas de rattrapage possible sur le prix de vente).

Le classement de vos annonces

Vous venez de mettre en ligne vos annonces et vous n'avez plus qu'à attendre les offres d'enchères. Sachez que tant que vous n'avez pas effectué votre première vente, vous serez mal référencé par le site. Ne paniquez pas ce problème sera bien évidemment de courte durée.

La fin de l'enchère

La fin du temps imparti à la vente aux enchères de votre objet se précise. Les dernières minutes sont cruciales. C'est à ce moment que les membres qui suivent le déroulement de la vente sont les plus actifs. Chacun voudra remporter l'objet.

Des petits malins attendront les dernières secondes pour effectuer leurs offres. Ils ne laisseront pas la possibilité aux autres acquéreurs de faire d'autres propositions d'enchères. Ils se servent de cette petite faille pour acheter vos objets le moins cher possible.

Si le prix de vente final ne vous a pas paru équitable dans ce sens ou pour une mise en vente à un euro l'objet s'est vendu au seul acheteur présent, n'ayez pas d'inquiétudes. Vous avez la possibilité d'annuler la vente. Vous pouvez ainsi définir un prix de réserve lors de la création de votre annonce.

La fin de l'enchère et ses horaires ont un impact sur votre potentiel de vente. Choisissez un horaire passe-partout, autrement dit un moment susceptible de toucher le plus grand nombre de membres en ligne. Vous éviterez donc de terminer une vente aux enchères à trois heures du matin. J'ai remarqué que le dimanche, en fin d'après-midi était un bon créneau.

5   L'expédition

L'envoi des Objets via la Poste

Le moyen de livraison le plus fréquemment utilisé par les vendeurs en ligne est la lettre suivie postale. Elle permet de connaître exactement le lieu où se trouve l'objet que vous avez envoyé ce qui permet un suivi de la livraison de la commande. Chaque enveloppe possède un numéro de suivi qui vous permet d'informer votre acheteur de savoir si vous lui avez fait parvenir son achat. Lorsque vous activez sur le site la notification d'envoi effectuée, vous pouvez renseigner le numéro de l'enveloppe. Gardez les bordereaux d'envoi bien soigneusement jusqu'à la réception de vos objets par l'acheteur.

Ce moyen sécurisé permet aussi, en cas de réclamation pour un objet non livré de vérifier la véracité des propos de votre interlocuteur.

L'expédition

Il est temps d'envoyer votre article à son nouvel acquéreur. Pensez à soigner votre envoi. Votre objet ne doit pas se « balader » dans son enveloppe, utilisez du papier bulle bien scotché en guise de protection. Un envoi rapide et soigné conforte le client dans son acte d'achat. N'oubliez pas que vous êtes noté par vos acheteurs et que le référencement de vos produits en dépend. Par expérience, j'ai constaté qu'il est simple d'être parfaitement bien noté en suivant les quelques règles que je viens de vous décrire.

Le temps à allouer

Le but de ce nouveau loisir est de ne pas se tuer à la tâche, afin de bénéficier aisément et rapidement d'un complément de salaire. Comprenez qu'un minimum de temps à allouer est néanmoins nécessaire pour obtenir une chance d'engranger plus rapidement de l'argent. Se rendre à au moins deux brocantes par mois est donc la base à effectuer pour un bon début dans cette activité.

Quelques conseils supplémentaires

En cas de non revente, ne vous inquiétez pas. Cet échec peut être dû à certains facteurs dont vous n'êtes nullement responsable.

Il faut prendre en compte le côté humain du problème et ne pas se décourager. Les potentiels acheteurs étaient peut-être en vacances, à court de budget ou n'ont simplement pas eu le temps de prendre acte de votre annonce.

Au cas où vous n'arrivez vraiment pas à vendre un article, mettez-le de côté et réessayez de le vendre plus tard. Rien ne peut se perdre en matière de vente sur internet, soyez toujours optimiste et patient. Une ou deux fois par an, afin d'éviter de stocker des objets invendus faites une vente en « lot » à bas prix. Vous serez surpris de réussir à gagner de l'argent avec ces objets. Le fait de les vendre en lot attirera les personnes qui achètent uniquement par ce moyen afin de les revendre au détail.

Si finalement vous regrettez un choix, ne soyez pas trop dur avec vous-même. Prendre de bonnes décisions, s'acquiert avec la sagesse. Prenez toujours du recul. Mettez vos produits en attente, l'objet trouvera à un moment propice l'acheteur. Les erreurs sont des opportunités pour apprendre et s'améliorer. Mettez l'objet de coté pendant un moment et reconsidérez le plus tard.

En outre, un bon ou un mauvais choix, ça n'existe pas. Rien n'est jamais garanti.

La vente en ligne permet via le site eBay de compter un nombre de participants par millions.

Imaginez, une salle des ventes grande comme dix fois le stade de France, pleine de potentiels acheteurs et comprenez que forcément, les chances de vendre n'importe quel objet, ayant ne serait-ce que peu de valeur, sont réunis pour y être revendu à son meilleur prix.

SUIVEZ VOTRE INSTINCT !

6   Les 10 objets qui rapportent

Choisir ses produits

Les objets qui rapportent à coup sûr

Afin de vous lancez dans cette aventure, je vous ai sélectionné un panel d'objets. A coup sûr, vous aurez un réel succès. La liste des objets suivants n'est bien-sûr pas exhaustive. Il ne tient qu'à vous de lui apporter plus de valeurs. Votre expérience dans le domaine des vide-greniers va naturellement s'accroître d'elle-même. Au fur et à mesure, vous découvrirez par vous-mêmes d'autres objets que vous aurez déniché au fil du temps.

Le bon sens m'a appris que dans n'importe quelle brocante ou vide-greniers où vous vous rendrez, au moins un des objets de la liste qui suit sera présent.

La liste des dix

- ✓ Les médailles
- ✓ Les livres
- ✓ Le milita-nia
- ✓ Les objets de notre enfance
- ✓ Les petites boites
- ✓ Les boutons
- ✓ Les tabatières chinoises
- ✓ Les statuettes
- ✓ Les affiches publicitaires métalliques
- ✓ Les objets de culte

Les Médailles

Nous les classerons en quatre grandes familles.

- ✓ Les médailles en Bronze
- ✓ Les médailles de récompenses sportives
- ✓ Les médailles et décorations Militaires ou Administratives
- ✓ Les médailles religieuses ou iconiques

Les Médailles en Bronze

Au premier coup d'œil, vous les reconnaîtrez par leur teinte ambrée qui va du plus claire au plus sombre.

Les Médailles en Bronze sont circulaires et ne possèdent pas de point d'ancrage à une possible chaînette. Elles sont principalement utilisées pour être exposées en vitrine, ou dans leurs écrins qui, si vous le possédez augmentera encore sa valeur de revente.

La plupart du temps, elles sont poinçonnées sur la tranche et vous pouvez lire « bronze ». Cependant, il arrive qu'aucune mention ne soit inscrite en rapport à sa matière.

D'un poids assez lourd, d'un diamètre supérieur à de la monnaie commune. Les deux faces sont gravées.

Elles font souvent référence à un personnage politique ou historique, à de grandes marques ou encore à un événement sportif.

Ce type de médaille se vend aisément sur internet à partir de cinq euros au minimum et atteint des prix assez hauts selon leur rareté.

Les Médailles de récompenses sportives

Elles sont les plus communes et en métaux de peu de valeur. Les médailles sont décernées lors de tournois de football, rugby, tennis, compétition de judo, etc...

Ce sont de très mauvais investissements et sont donc à proscrire de vos achats, sauf si bien-sûr elles sont en or, argent ou bronze. Vous en verrez beaucoup car plus personne ne s'y intéresse. Elles n'ont qu'une valeur affective pour ceux qu'ils les ont remportées un jour.

Les Médailles et décorations Militaires ou Administratives

Les décorations militaires se présentent sous forme de Croix comme les Croix de Guerre, les Croix du Combattant etc…On retrouve aussi des médailles militaires, des médailles d'Outre-Mer, des médailles de la Défense Nationale, des Médailles de reconnaissance de la Nation…

Ces types de médailles possèdent une bonne valeur. Elles sont habituellement revendues sur internet à partir de dix euros et peuvent atteindre des prix de vente assez élevés. Voilà la liste des médailles de ce type, qui sont de bons investissements.

- ✓ LÉGION D'HONNEUR
- ✓ CROIX DE LA LIBÉRATION
- ✓ MÉDAILLE MILITAIRE
- ✓ ORDRE NATIONAL du MÉRITE
- ✓ CROIX de GUERRE 1914-1918
- ✓ CROIX de GUERRE 1939-1945
- ✓ CROIX de GUERRE des THÉÂTRES d'OPÉRATIONS EXTÉRIEURES
- ✓ CROIX de la VALEUR MILITAIRE
- ✓ MÉDAILLE de la GENDARMERIE NATIONALE (depuis le décret n° 2004-733 du 26 juillet 2004)
- ✓ MÉDAILLE de la RÉSISTANCE
- ✓ PALMES ACADÉMIQUES
- ✓ MÉRITE AGRICOLE
- ✓ MÉRITE MARITIME
- ✓ ARTS ET LETTRES
- ✓ MÉDAILLE des ÉVADÉS
- ✓ CROIX du COMBATTANT VOLONTAIRE 1914-1918
- ✓ CROIX du COMBATTANT VOLONTAIRE

- ✓ CROIX du COMBATTANT VOLONTAIRE de la RÉSISTANCE
- ✓ CROIX du COMBATTANT
- ✓ MÉDAILLE de la RECONNAISSANCE FRANÇAISE
- ✓ MÉDAILLE de l'AÉRONAUTIQUE
- ✓ MÉDAILLE d'OUTRE-MER (ex-Médaille Coloniale)
- ✓ MÉDAILLE d'OR de la DÉFENSE NATIONALE pour CITATION sans Croix. (Depuis le décret n° 2004-624 du 25 juin 2004)
- ✓ MÉDAILLE de la DÉFENSE NATIONALE
- ✓ MÉDAILLE des SERVICES MILITAIRES VOLONTAIRES
- ✓ MÉDAILLES d'HONNEUR Ressortissant aux Différents Départements Ministériels. (Ministère du travail, de l'agriculture etc….)
- ✓ MÉDAILLE de RECONNAISSANCE de la NATION et Médaille d'Afrique du Nord
- ✓ MÉDAILLES COMMÉMORATIVES
- ✓ ETC...

Les Médailles religieuses ou iconiques

Elles sont généralement attribuées lors des communions et baptêmes représentant en général, un ange, un saint, la vierge marie ou le christ. Elles sont portées en guise de porte-bonheur.

Elles n'ont pour valeur que le matériau dans lequel elles sont fabriquées. Cependant, elles peuvent avoir une assez bonne valeur de revente si elles font directement référence au Vatican, au Saint-Marin ou au Pape.

Les livres et collections complètes

Les gens se débarrassent souvent de leurs livres car ils prennent beaucoup de place. Après les avoir lus ou non, beaucoup de personnes ne leur consacre plus aucune utilité.

Les livres sont un moyen facile pour débuter vos mises en vente car on peut les obtenir pour un coût très bas. On peut généralement trouver des ouvrages à un euro voir des collections complètes à bas prix.

Les œuvres de grands auteurs sont très recherchées sur internet. N'hésitez donc pas à en acquérir.

Prenez bien soin de vérifier s'il ne manque pas de pages au livre. Assurez-vous que la reliure est en assez bon état. Dans le cas où vous dénichez une œuvre de plusieurs volumes faites attention à ce qu'il ne manque pas un tome.

Plus le livre est ancien et en bon état, plus la valeur sera forte.

Les dates d'édition se trouvent habituellement au début et à la fin du livre. N'hésitez pas à utiliser votre smartphone pour faire une recherche rapide de comparaison des prix de revente.

Il est normal qu'un livre ancien possède une usure naturelle, mais elle ne doit pas être de nature excessive et dégrader son contenu.

Le Milita-ria

Beaucoup de chineurs se sont spécialisés uniquement dans ce domaine. Il devient donc de plus en plus rare de trouver des objets liés à ce thème.

Cependant, il est encore possible de trouver des objets qui par leurs aspects inconnus sont passés entre les mailles du filet. Une fois identifié, ils se révèlent souvent de bonne valeur.

Les casques et les autres coiffures, les gourdes, les uniformes, les couteaux, les insignes, les photographies anciennes et autres éléments du paquetage des soldats des grandes guerres ont un potentiel de revente non négligeable. Dans le cas où vous arrivez à les obtenir à bas prix. Les collectionneurs spécialisés dans ce type de biens pullulent sur la toile et raffolent de ces objets chargés d'histoires.

Sur les deux photos suivantes, un nécessaire de couture, attribué aux poilus de la première guerre mondiale. Cet objet est souvent confondu avec une cuillère à miel.

Les objets de notre enfance

Les objets qui réveillent chez nous ce sentiment de nostalgie est aussi une bonne source de bénéfices.

Stockés dans une armoire ou au grenier depuis des décennies, ces objets anciens et plutôt robustes font le lien entre le passé et le présent. Ils raviveront les nouvelles générations de bambins habitués au tout numérique.

Ils tentent à faire vibrer la corde sensible chez les parents.

Veillez à bien identifier leurs potentiels de revente afin de ne pas tomber dans le piège de l'achat impulsif.

Vous constaterez par vous-même qu'il existe un réel marché en lien avec ce type d'objet. La dictée magique, le docteur maboul, la peluche KIKI ou encore le tommy turbo Dashboard de 1983 éveilleront à coup sûr l'émerveillement des personnes visitant vos pages de vente en ligne.

Ci-dessous la célèbre voiture de STARSKY et HUTCH.

Les petites boîtes

Il existe un vrai marché de la « petite boîte ». Mais veillez à ce qu'elle soit de bonne facture, avec de beaux motifs ou en métaux de qualité.

Evitez le « made in china » et sachez identifier leurs utilisations. D'époques et d'origines géographiques différentes, elles font le bonheur de nombreux collectionneurs avec une marge de revente importante suivant leur rareté. La taille est un avantage pour la partie envoi des objets par la poste car très petites elles nécessitent peu de frais d'envois.

Les boutons

Il en existe des milliers, peut-être des millions de différents. Renseignez-vous rapidement en ligne pour être sûr de votre achat. Les plus anciens sont apparus avec les premières royautés dans le monde.

Depuis chaque artiste a apporté sa part de création à ces objets.

Cependant quelques thèmes sont des investissements sûrs. Les boutons militaires, à la grenade, ou ceux d'autres administrations ont une bonne côte sur le marché en ligne.

Ceux en rapport avec la marine, la chasse et ceux en plaqué or sont aussi une source de bénéfices assurée.

Les tabatières chinoises

Elles sont apparues en Chine avec l'apparition du tabac aux alentours de l'an 1640 sous le règne de la dynastie Qing.

Elles sont refermées par un bouchon et possèdent une petite cuillère souvent en ivoire qui permet de déposer un peu de tabac à priser sur son ongle.

C'est mon article préféré, car trop méconnu.

Ce type d'objet rapporte beaucoup. En général, les exposants qui les possèdent ne savent pas du tout de quoi il s'agit. Elles sont facilement reconnaissables à leurs tailles : très petites, pas plus de six ou sept centimètres.

Souvent au premier abord, leurs motifs de type paysage asiatiques sculptés en bas-relief et leurs matières laissent penser qu'elles sont en plastique. Les artistes de l'époque utilisaient divers matériaux méconnus dans nos régions pour les confectionner.

Vous pouvez facilement les obtenir pour cinquante centimes à deux euros et les revendre dix fois plus chères au minimum.

C'est l'objet par excellence qui vous sera le plus rentable. Investissez sans aucun problème dans ce type d'objet.

Les statuettes

Elles sont en général un bon investissement si bien sûr vous évitez de les acheter en résine ou en plastique. Les statuettes en terre cuite de l'antiquité sont rares à dénicher mais certaines réapparaissent de temps en temps à notre grand bonheur. L'art asiatique par exemple est un bon moteur de vente car les objets en lien avec cette culture sont toujours prisés des collectionneurs. Tout aussi prisé l'art égyptien peut se révéler rentable dès lors que vous investissez dans des articles rares. Quelquefois on peut trouver des statuettes funéraires en terre cuite. Les plus anciennes ont été découvertes en 1602 en Afrique par des explorateurs. Elles sont toujours utilisées dans certains rites pour accompagner les défunts dans leurs nouvelles vies.

Les affiches publicitaires métalliques ou émaillées

Des années 20 aux années 70, elles ornaient les façades et les murs des commerces. La plupart d'entre elles sont à l'effigie de marques disparues. Un grand nombre de collectionneurs se les arrache sur internet. Attention aux reproductions, en général un simple coup d'œil au dos permet de vérifier si elles sont contemporaines ou plus anciennes.

Elles peuvent exister de toutes tailles avec des thèmes différents. Les plus anciennes sont de bons investissements. L'important est de comparer (discrètement) leurs prix en ligne lorsque vous en repérez une. Attention à son usure, ce critère est important si vous décidez de la revendre.

Soyez attentif. On peut souvent être étonné. Certaines affiches publicitaires émaillées peuvent être revendues plus de dix mille euros, avouez que c'est quand même rentable.

Les objets de culte

Attention à ne pas vous lancer dans ce type de marché sans avoir d'expériences.

Les principaux objets de culte à repérer sont ceux en lien avec le Vatican, le Saint-Marin ou les anciens Papes. Les crucifix, les tableaux iconiques ou autres objets sont de mauvais investissements et ne se revendront pas ou peu en ligne.

Il existe aussi des « cartes de prières » avec des médailles (voir photos) qui peuvent être des sources de petits bénéfices si bien sûr elles ne vous ont pas couté trop cher. Ce type de carte se revend très bien à deux euros l'unité, à vous de les obtenir pour moins que ça.

Certains missels sont de très bons investissements. Attention à leurs états, ils doivent posséder toutes leurs pages, sans inscriptions ajoutées à la main et leur reliure ne doit pas se désagréger.

Les croix de procession, les patènes, les ciboires et les encensoirs sont des objets appartenant généralement à l'église. Il est anormal d'en trouver lors d'un rassemblement populaire. Personnellement, j'évite d'acheter ce type d'article aux origines douteuses.

7 Bonus

Objets à identifier

Il existe des milliers d'objets à identifier pouvant être rentables à la revente sur internet. Dès votre première sortie, vous constaterez par vous-même avec un peu de curiosité, vous serez aussi capable d'en découvrir de nouveaux.

- ✓ Les flacons de parfum
- ✓ Les moulins à café
- ✓ Les vieux outils
- ✓ Les malles
- ✓ Les vieilles radios
- ✓ Les lampes à huile
- ✓ Les capsules de champagne
- ✓ Les cartes Magic
- ✓ Les jeux vidéo rétro ainsi que leurs consoles
- ✓ Les anciennes cartes postales
- ✓ Les soldats de plomb
- ✓ Les objets en lien avec la principauté de Monaco
- ✓ Les objets de curiosité
- ✓ Les objets ethniques
- ✓ Les œuvres d'artistes réputées et leurs copies

Chacun de ces objets détient un potentiel de revente conséquent.

Optimiser ses gains avec la monnaie que l'on vous rend

Une astuce importante que je vous confie et de toujours porter attention aux pièces de monnaie qui sont dans votre poche.

Personnellement, j'ai pris cette habitude depuis de nombreuses années. Cette démarche m'a permis d'engranger quelques euros supplémentaires puis par la suite de constituer une jolie petite collection. Il est bon de savoir qu'une pièce de deux euros par exemple peut avoir une valeur monétaire supplémentaire dès lors qu'elle est plus ou moins rare.

Vous avez déjà remarqué que dans votre porte-monnaie se trouve des pièces de deux euros qui se démarquent des autres par leurs gravures atypiques. On les nomme les euros commémoratifs. Il en existe une multitude, classés par années, par pays et avec un nombre de tirage réduit. La cote de ces monnaies augmente quasiment chaque année. Plus une pièce est ancienne et bien conservée, plus elle prend de la valeur.

Pour identifier rapidement leurs prix rien de plus simple qu'un petit tour par eBay. Il existe un almanach de cotations particulièrement bien détaillé chez les marchands de journaux. Les monnaies les plus prisées seront forcément celles en lien avec le Vatican, le Saint-Marin, Andorre ou encore Monaco. Mais certaines autres sont toutes aussi précieuses. A vous de les dénicher et de les identifier, il y en a peut-être déjà une dans votre poche.

Savoir reconnaître l'or et l'argent (Poinçons et méthodes)

Pour connaître la nature du matériau dont est constitué un objet. Il est important de savoir reconnaitre les quelques poinçons qui les caractérisent. L'usage d'une loupe de poche sera nécessaire afin de pouvoir bien les identifier.

 ✓ **Pour l'or, on distingue :**

Un hippocampe pour le 999‰

Une tête d'aigle pour le 750‰

Une coquille Saint-Jacques pour le 375‰

A savoir aussi que l'or et l'argent ne sont pas des matériaux magnétiques. Avec un simple aimant de poche, vous éviterez les mauvaises copies douteuses.

Un test simple à réaliser pour identifier l'or est aussi de le mordre légèrement, il devra y avoir une trace de dent si c'est de l'or, à moins que ce soit du plomb plaqué or.

✓ **Pour l'argent on distingue :**

Une amphore pour le 999‰

Une tête de minerve pour le 925‰

Une tête de minerve dans un tonneau pour le 800‰

Pour l'argent, placez votre objet dans un verre rempli d'eau et de gros sel toute une nuit. Au petit matin si la couleur de l'eau a changé, votre objet n'est pas en argent.

Savoir reconnaître du cristal

L'un des matériaux présents sur les stands que vous arpenterez sera probablement le cristal : de la carafe de grand-mère aux splendides vases, sans oublier une multitude d'objets décoratifs. Ce matériau capte la lumière d'une manière particulière et est doté d'une absolue transparence. En France l'entreprise « Baccarat » fabrique les pièces les plus prestigieuses, on reconnait ses créations grâce à son estampille symbolique. Les caractéristiques du cristal font qu'il est facile de le reconnaître et d'éviter de le confondre avec du verre commun.

Tout d'abord le plomb entre dans sa composition, ce qui lui donne un poids plus lourd que le verre. Lorsque on donne un petit coup d'ongle sur le cristal, on obtient un son cristallin qui sonne plus longtemps sur une note plus aiguë que le verre.

Le faire chanter est aussi une technique infaillible pour s'assurer de sa composition.

Humidifiez légèrement le bout de votre doigt et dans un geste circulaire caressez délicatement le haut d'un verre, si ce dernier se met à produire un sifflement strident c'est que vous avez face à vous un authentique verre en cristal.

Savoir reconnaître de l'ivoire

L'ivoire est un matériau naturel utilisé, il est issu de différentes espèces animales telles que le cachalot, l'éléphant, le rhinocéros, le narval ou le morse.

Les seuls objets en Ivoire qui peuvent être vendus sont ceux dont la fabrication est antérieure à 1976, date de la convention de Washington qui a pour objectif la préservation et la protection des animaux victimes d'un intense braconnage en raison du commerce international de ce bien précieux.

C'est un matériau rare et cher qui est souvent imité. Je vais donc vous donner une petite astuce pour le reconnaître plus facilement.

Tout d'abord son aspect est éclatant et crémeux. Avec une loupe, vous distinguerez des nervures. Sa couleur de base est légèrement jaunâtre et se blanchit avec le temps. Un objet ancien en ivoire doit être bien blanc.

On peut effectuer un test rapide avec une aiguille chauffée à blanc. Si une odeur de cheveux brûlés se ressent à son contact, ce n'est pas de l'ivoire mais de l'os. Si l'aiguille s'enfonce, c'est encore une imitation. Lorsqu'aucune trace n'apparaît et qu'aucune odeur n'est ressentie, il est quasiment sûr que l'objet que vous testez est en ivoire.

Le mot de la fin

Merci à vous d'avoir pris le temps de lire ce livre. Il me tient à cœur d'essayer et de réussir à offrir l'opportunité à chacun d'égayer sa vie. On dit constamment que l'argent ne fait pas le bonheur, je suis tout à fait d'accord sur ce point. La notion de bonheur doit être exclusivement réservée à l'amour et la santé de soi-même et de nos proches, mais il y aura quand même toujours un certain avantage à pouvoir vivre décemment dans ce monde.

Si cet ouvrage vous a permis de réaliser un complément de salaire, je vous invite à me contacter et me rejoindre sur internet via le site qui porte le nom de mon livre.

Au plaisir de vous rencontrer un jour.

www.ingramcontent.com/pod-product-compliance
Lightning Source LLC
Chambersburg PA
CBHW041431050326
40690CB00002B/506